Tajines
& autres saveurs d'Orient

Ghillie Başan

Albums
LAROUSSE

Sommaire

TAJINES DE POISSON ET DE FRUITS DE MER

TAJINES DE LÉGUMES

ACCOMPAGNEMENTS

Les secrets du tajine

Le tajine est un grand classique de la cuisine du Maghreb (Maroc, Tunisie et Algérie). Aromatique, parfumé, baignant dans une sauce sirupeuse et épicée, au goût piquant, parfois relevé par l'amertume du citron, il évoque une cuisine fraîche et colorée. Le tajine, sorte de ragoût, se compose de viande tendre et de légumes moelleux mijotés dans une sauce aux fruits, aux herbes, avec du miel et du piment. C'est un plat à part entière, authentique et toujours succulent.

Le terme « tajine » (ou « tagine ») vient du nom du plat dans lequel il est cuisiné. Ce plat en terre, rond et creux, est surmonté d'un couvercle conique qui emprisonne la vapeur et les parfums. Les ingrédients cuisent doucement dans une faible quantité de liquide. On sert le tajine dans son plat de cuisson, mais on peut le transvaser dans une variante plus décorative, vernie, ornée de motifs dans les tons verts, bleus et jaunes.

Le plat, d'origine berbère, a subi les influences arabe et ottomane. Les Maures venant d'Andalousie ainsi que la colonisation française ont ajouté leurs influences. Les tajines classiques sont composés d'agneau avec des pruneaux ou des abricots, de poulet avec du citron confit et des olives vertes, de canard avec des dattes et du miel, de poisson cuit avec des tomates, du citron vert et de la coriandre. Les Berbères ont toujours la réputation de préparer des tajines savoureux, au goût puissant, à base d'oignons et de beurre clarifié.

Les tajines sont traditionnellement des plats uniques, servis avec du pain plat ou des miches croustillantes et suivis de couscous. Une version plus moderne consiste à les accompagner d'une salade. Pour les occasions plus festives, on prépare une énorme pyramide de couscous que l'on creuse au centre pour y déposer le tajine. Dans ce cas, les plats à tajine, trop petits pour le nombre de convives, sont remplacés par d'énormes casseroles en cuivre.

Le secret d'un bon tajine est sa lente cuisson à petit feu qui conserve aux ingrédients leur moelleux et leurs parfums. Les tajines de viande mijotent doucement dans un liquide aromatique jusqu'à ce que la chair se détache de l'os. Les plats de poisson et de légumes, bien que mijotant moins longuement, gagnent en saveur grâce à la méthode de cuisson.

Traditionnellement, le tajine cuit dans un four en argile rempli de charbon de bois afin de maintenir une température constante : la chaleur diffusant à la base du plat permet au liquide de réduire et d'épaissir sans dessécher les ingrédients. On utilise aussi des fours à bois et des feux ouverts, mais une cuisinière et un four moderne donnent le même résultat.

Les plats à tajine possèdent une ouverture au sommet du cône pour permettre à la vapeur de s'échapper, ce qui évite qu'elle le fasse entre la base et le couvercle. Si vous utilisez une cocotte, mettez de temps en temps le couvercle en biais pour libérer la vapeur. Lorsqu'on fait cuire le tajine au four, on enlève en général le couvercle.

Il existe une grande variété de plats à tajine, rarement faits pour le gaz, car la flamme directe (et aussi la plaque électrique) les craquelle. Pour les modèles vernis, utilisez un diffuseur de chaleur intermédiaire ou optez pour un modèle dont la base est en acier inoxydable et le couvercle en terre. Une cocotte en fonte fait également l'affaire, à condition de cuire le tajine à petit feu. Mais faites des essais avec le plat d'origine, le jeu en vaut la chandelle !

À propos des recettes

Les cuillerées sont rases et les œufs sont de grosseur moyenne.

Les ingrédients essentiels

Chaque tajine contient des ingrédients traditionnels, essentiels au délicat équilibre entre les saveurs épicées (plus ou moins fortes), sucrées et acidulées. La plupart de ces ingrédients se trouvent dans les magasins spécialisés, mais un grand nombre d'entre eux peuvent se préparer à la maison.

Citrons confits

Ils entrent dans la composition de beaucoup de plats auxquels ils apportent leur goût piquant et légèrement amer si particulier. Ils sont indispensables dans le tajine. On les trouve dans les épiceries exotiques et certains supermarchés au rayon des produits étrangers. Utilisez-les sans parcimonie dans vos salades et vos plats cuisinés.

POUR UN GROS BOCAL

> 10 citrons non traités
> 10 cuill. à soupe de gros sel
> jus de 3-4 citrons

Lavez et séchez les citrons. Coupez les extrémités et entaillez les citrons comme pour les couper en quatre, sans aller jusqu'à la base. Remplissez-les de gros sel. Stérilisez un bocal dans l'eau bouillante et laissez bien égoutter. Remplissez le bocal de citrons et laissez reposer 3 ou 4 jours au frais pour attendrir leur peau.

Appuyez sur les citrons pour les tasser. Versez le jus de citron dans le bocal jusqu'à les recouvrir. Fermez le bocal et laissez reposer au frais 1 mois. Rincez les citrons avant de les utiliser.

Harissa

Cette pâte forte et pimentée est une spécialité d'Afrique du Nord, où elle est servie comme un condiment ou une sauce. On l'incorpore aussi aux tajines et au couscous. La recette qui suit est celle de la préparation de base à laquelle on peut ajouter du fenouil, de la coriandre ou de la menthe. On trouve facilement de l'harissa dans les épiceries exotiques et les supermarchés.

POUR ENVIRON 4 CUILLERÉES À SOUPE

> 8 piments rouges secs (de Cayenne ou du Nouveau-Mexique) épépinés
> 2-3 gousses d'ail hachées
> 1/2 cuill. à café de sel
> 1 cuill. à café de cumin en poudre
> 1 cuill. à café de coriandre en poudre
> 4 cuill. à soupe d'huile d'olive + pour conserver

Dans un bol, couvrez les piments d'eau chaude. Laissez tremper 1 heure. Égouttez-les et pressez-les pour éliminer l'excédent d'eau. Dans un mortier (ou un mixeur), réduisez les piments en pâte avec l'ail et le sel. Au fouet, ajoutez le cumin et la coriandre, et liez avec l'huile d'olive.

Conservez la pâte au réfrigérateur, dans un bocal hermétique, couverte d'une fine couche d'huile d'olive. Vous pouvez la garder 1 mois.

Ras-al-hanout

Il n'existe pas précisément de recette du ras-al-hanout, qui est un mélange piquant et relevé de plusieurs épices : cannelle, clous de girofle, gingembre, racines diverses et notes de rose. Chaque famille crée son propre assemblage. Certaines de ces épices ne se trouvent que dans le Maghreb. Si votre recette exige l'addition de ras-al-hanout, achetez-en un tout prêt dans une épicerie exotique ou un supermarché. Vous trouverez aussi sur Internet des importateurs qui proposent des produits d'excellente qualité.

Ghee

Le ghee (*samneh* ou *samna* dans les pays de langue arabe) est du beurre clarifié. On le trouve dans les épiceries indiennes ou exotiques, et également dans les épiceries fines.

Pour obtenir du ghee, faites fondre du beurre dans une casserole et laissez frémir doucement jusqu'à évaporation complète de l'eau. Il reste une matière grasse claire à la saveur de noisette.

Au Maroc on utilise le *smen,* un beurre clarifié au goût très puissant qui a reposé pendant plusieurs semaines dans des pots en terre.

Dans le monde arabe, les dattes sont une source alimentaire et de sucre naturel depuis des siècles : dans le désert, les nomades pouvaient se nourrir exclusivement de dattes. On les trouve souvent, lors des repas festifs, dans le couscous ou les ragoûts de viande. Ce tajine aux dattes, amandes et pistaches, est servi à l'occasion des mariages et fêtes de famille.

Tajine d'agneau aux dattes, amandes et pistaches

POUR 4 PERSONNES

> 2-3 cuill. à soupe de ghee (recette page 7) ou d'huile d'olive
> 2 noix de beurre
> 2 oignons finement hachés
> 1-2 cuill. à café de curcuma en poudre
> 1 cuill. à café de gingembre en poudre
> 2 cuill. à café de cannelle en poudre
> 1 kg d'agneau maigre (épaule ou gigot) coupé en morceaux
> 250 g de dattes fraîches dénoyautées
> 1 cuill. à soupe de miel sombre
> 1 cuill. à soupe d'huile d'olive
> 2-3 cuill. à soupe d'amandes mondées
> 2 cuill. à soupe de pistaches écalées
> 1 petit bouquet de persil plat finement haché
> sel et poivre noir du moulin

Chauffez le ghee et la moitié du beurre dans un plat à tajine ou une cocotte. Faites blondir les oignons. Ajoutez le curcuma, le gingembre et la cannelle. Incorporez l'agneau en remuant pour l'enrober d'épices. Versez de l'eau jusqu'à presque recouvrir la viande et portez à ébullition. Baissez le feu, couvrez et laissez mijoter doucement pendant 1 heure 30.

Ajoutez les dattes et le miel. Couvrez et laissez encore mijoter 30 minutes. Salez et poivrez généreusement.

Dans une casserole, chauffez l'huile d'olive et le beurre restant. Ajoutez les amandes et les pistaches, et laissez dorer. Répartissez sur la viande et saupoudrez de persil.

Servez avec du couscous (recette page 58) et une salade croquante aux citrons confits (recette page 6) pour atténuer la saveur sucrée du plat.

Ce délicieux plat d'hiver est garni de graines de grenade. Dans les pays de tradition arabe, les châtaignes remplacent souvent les pommes de terre. Utilisez des châtaignes fraîchement grillées, sous vide ou surgelées.

Tajine d'agneau aux châtaignes, safran et graines de grenade

POUR 4 PERSONNES

> 2 cuill. à soupe de ghee (recette page 7) ou d'huile d'olive
> 2 oignons finement hachés
> 4 gousses d'ail finement hachées
> 25 g de gingembre pelé et finement haché
> 1 pincée de filaments de safran
> 1-2 bâtons de cannelle
> 1 kg d'agneau maigre (épaule ou gigot) coupé en morceaux
> 250 g de châtaignes pelées
> 1-2 cuill. à soupe de miel sombre
> graines de 1 grenade
> 1 petit bouquet de menthe, ciselé
> 1 petit bouquet de coriandre, ciselé
> sel et poivre noir du moulin

Chauffez le ghee dans un plat à tajine ou une cocotte. Ajoutez les oignons, l'ail et le gingembre, et laissez prendre de la couleur. Incorporez le safran et la cannelle, puis l'agneau en remuant. Versez de l'eau jusqu'à presque recouvrir la viande et portez à ébullition. Baissez le feu, couvrez et laissez mijoter 1 heure.

Ajoutez les châtaignes et le miel. Laissez encore mijoter 30 minutes à couvert, jusqu'à ce que la viande soit tendre. Salez et poivrez généreusement, puis incorporez quelques graines de grenade, de la menthe et de la coriandre.

Garnissez avec le reste de grenade, de menthe et de coriandre, et servez avec du couscous (recette page 58) ou du pain.

Ce tajine d'agneau aux fruits et au miel est un classique de la cuisine marocaine. On le sert traditionnellement avec du pain, que l'on trempe dans la sauce sirupeuse. Pour équilibrer le goût sucré, servez-le avec une salade de carottes finement râpées, d'oignons, de chou ou de poivrons, relevée avec une pincée de piment.

Tajine d'agneau aux pruneaux, abricots et miel

POUR 4-6 PERSONNES

- 1-2 cuill. à soupe d'huile d'olive
- 2 cuill. à soupe d'amandes mondées
- 2 oignons rouges finement hachés
- 2-3 gousses d'ail finement hachées
- 1 morceau de gingembre (environ 5 x 2 cm) pelé et haché
- 1 pincée de filaments de safran
- 2 bâtons de cannelle
- 1-2 cuill. à soupe de graines de coriandre écrasées
- 500 g d'agneau désossé (épaule ou gigot) et coupé en cubes
- 12 pruneaux trempés 1 heure dans de l'eau et égouttés
- 6 abricots secs trempés 1 heure dans de l'eau et égouttés
- zeste de 3-4 oranges
- 1-2 cuill. de miel sombre
- 1 poignée de feuilles de coriandre hachées
- sel et poivre noir du moulin

Chauffez l'huile d'olive dans un plat à tajine ou une cocotte et faites dorer les amandes. Ajoutez les oignons et l'ail, et faites blondir. Incorporez le gingembre, le safran, la cannelle et les graines de coriandre. Ajoutez l'agneau, remuez pour bien l'enrober d'épices et faites revenir 1 ou 2 minutes.

Versez de l'eau jusqu'à en recouvrir la viande et portez à ébullition. Baissez le feu et laissez mijoter 1 heure à couvert. Ajoutez les pruneaux, les abricots et le zeste d'orange, couvrez et laissez mijoter 15 à 20 minutes. Incorporez le miel en remuant, salez, poivrez et laissez encore 10 minutes sur le feu. Vérifiez la quantité de liquide : la sauce doit être sirupeuse et légèrement caramélisée.

Ajoutez un peu de coriandre hachée en remuant et saupoudrez avec le restant. Servez avec du couscous (recette page 58) ou du pain croustillant.

Originaires d'Andalousie, les tajines tfaia sont appréciés dans le nord du Maroc, et surtout à Tanger. Leur saveur particulière, puissante, aux arômes de noisette vient du beurre clarifié « vieilli », appelé *smen*. Ici, on utilise du ghee, qui est du beurre clarifié classique.

Tajine tfaia aux oignons, amandes et œufs

POUR 4 PERSONNES

- > 1-2 cuill. à soupe de ghee (recette page 7) ou d'huile d'olive
- > 2 gousses d'ail écrasées
- > 1 cuill. à café de gingembre en poudre
- > 1 cuill. à café de coriandre en poudre
- > 1 cuill. à café de filaments de safran écrasés avec du sel
- > 1 kg de côtes d'agneau
- > 2 oignons finement hachés
- > 175 g d'olives de Kalamata dénoyautées
- > 2 citrons confits (recette page 6) coupés en quartiers
- > 1 petit bouquet de coriandre, haché
- > sel et poivre noir du moulin

Pour la garniture

- > 4 œufs
- > 1/2 cuill. à café de safran en poudre ou 1 pincée de filaments
- > 1/2 cuill. à café de ghee ou d'huile d'olive
- > 2 cuill. à soupe d'amandes mondées

Faites fondre le ghee dans un plat à tajine ou une cocotte. Ajoutez l'ail, le gingembre, la coriandre en poudre, le safran et l'agneau en remuant. Parsemez avec les oignons et versez de l'eau en couvrant à ras. Portez à ébullition, baissez le feu, couvrez et laissez frémir doucement pendant 1 heure 30.

Incorporez les olives, les citrons confits et laissez mijoter à découvert 20 minutes pour réduire la sauce. Salez, poivrez généreusement et saupoudrez de coriandre hachée.

Pendant ce temps, faites cuire les œufs dans leur coquille pendant 4 minutes pour que le jaune soit ferme. Écalez-les. Faites tremper le safran dans 2 cuillerées d'eau chaude et roulez les œufs dans ce liquide pour les colorer. Coupez-les en deux.

Chauffez le ghee dans une poêle et faites dorer les amandes. Répartissez sur le tajine et disposez les œufs autour. Servez aussitôt avec du pain frais croustillant et une salade verte croquante.

Les tajines d'été réalisés avec des légumes de saison sont légers et pleins de couleurs. Vous pouvez ajouter des tomates, des aubergines et des petits pois. Servez avec des quartiers de citron pour les arroser de jus ou avec du citron confit (recette page 6) coupé en fines lanières.

Tajine d'été à l'agneau, courgettes et poivron, parfumé à la menthe

POUR 4-6 PERSONNES

- > 3-4 cuill. à soupe d'huile d'olive
- > 1 oignon grossièrement haché
- > 4 gousses d'ail grossièrement hachées
- > 1 cuill. à café de graines de cumin
- > 1 cuill. à café de graines de coriandre
- > 1 cuill. à café de menthe séchée
- > 25 g de gingembre pelé, finement haché ou râpé
- > 750 g d'agneau maigre coupé en morceaux
- > 2 petites courgettes coupées en grosses tranches en diagonale
- > 1 poivron rouge ou vert, épépiné et coupé en grosses lanières
- > 4 tomates mondées et coupées en morceaux
- > 1 petit bouquet de persil plat, grossièrement haché
- > 1 petit bouquet de menthe, grossièrement haché
- > 1 citron coupé en quartiers en garniture
- > sel et poivre noir du moulin

Chauffez l'huile d'olive dans un plat à tajine ou une cocotte. Ajoutez l'oignon, l'ail, le cumin, la coriandre, la menthe séchée et le gingembre. Lorsque l'oignon est tendre, incorporez l'agneau en remuant et versez de l'eau à ras. Portez à ébullition, baissez le feu, couvrez et laissez mijoter pendant 1 heure 30.

Salez, poivrez et incorporez les courgettes, le poivron et les tomates. Ajoutez de l'eau si nécessaire. Couvrez et laissez frémir encore 15 minutes ; les courgettes et le poivron doivent rester légèrement fermes.

Ajoutez en remuant un peu de persil et de menthe hachée. Saupoudrez avec le reste des herbes et servez, accompagné des quartiers de citron pour arroser le plat de leur jus.

Ce tajine est délicieux avec une salade de jeunes feuilles de laitue, betterave et épinard.

Pour réaliser ce plat, on fait mariner une épaule d'agneau dans de la chermoula, un mélange d'herbes et d'épices marocain, puis on la fait doucement cuire au four. Vous pouvez remplacer les coings par des pommes ou des poires. Accompagnez ce tajine de couscous (recette page 58) ou de pommes de terre sautées et d'une salade verte.

Tajine d'agneau confit aux coings, figues et miel

POUR 4-6 PERSONNES

- > 1,5 kg d'épaule d'agneau avec l'os
- > 2 cuill. à soupe de ghee (recette page 7) ou d'huile d'olive
- > 2 oignons rouges coupés en quartiers
- > 225 g de pruneaux dénoyautés
- > 225 g de figues séchées ou fraîches coupées en deux
- > 40 g de beurre
- > 2 coings coupés en quartiers et nettoyés (conservés dans du jus de citron jusqu'à leur utilisation)
- > 2-3 cuill. à soupe d'eau de fleur d'oranger
- > 2 cuill. à soupe de miel sombre
- > 1 bouquet de coriandre, haché
- > 1 bouquet de persil plat, haché

Pour la chermoula

- > 4 gousses d'ail hachées
- > 40 g de gingembre pelé et haché
- > 1 piment rouge épépiné et haché
- > 1 cuill. à café de sel
- > 1 petit bouquet de coriandre, haché
- > 1 petit bouquet de persil plat, haché
- > 2-3 cuill. à café de coriandre moulue
- > 2-3 cuill. à café de cumin en poudre
- > 3 cuill. à soupe d'huile d'olive
- > 2 cuill. à soupe de miel sombre
- > jus de 1 citron

Commencez par la chermoula. Dans un mortier, écrasez l'ail, le gingembre, le piment et le sel pour former une pâte grossière. Ajoutez la coriandre hachée et le persil toujours en écrasant. Au fouet, incorporez la coriandre moulue et le cumin, et liez avec l'huile d'olive, le miel et le jus de citron (ou utilisez un mixeur).

À l'aide d'un couteau pointu, faites des incisions dans l'épaule d'agneau et faites pénétrer la chermoula dans la viande. Laissez reposer au moins 12 heures au frais.

Préchauffez le four à 180 °C (therm. 6).

Chauffez le ghee dans un plat à tajine ou une cocotte et faites dorer la viande de tous les côtés. Réservez dans un plat. Mettez les oignons et le reste de chermoula dans la cocotte. Ajoutez les pruneaux et les figues si elles sont séchées. Versez 30 cl d'eau et remettez l'agneau dans le récipient. Couvrez et enfournez pour 2 heures.

Vers la fin de la cuisson, faites fondre le beurre dans une casserole et faites sauter les coings. Sortez le tajine du four et disposez les coings autour. Si vous utilisez des figues fraîches, incorporez-les à ce moment. Arrosez d'eau de fleur d'oranger et de miel. Remettez au four entre 25 et 30 minutes pour faire dorer la viande et les fruits, jusqu'à ce que la chair se détache de l'os. Saupoudrez de coriandre et de persil, et servez aussitôt.

Robuste et chaleureux, avec une note de gingembre, ce tajine est un excellent plat d'hiver. Il se prépare avec des betteraves fraîches ou précuites. Vous pouvez l'accompagner de potiron ou de potimarron et de couscous (recette page 58) avec des pistaches ou des pignons de pin.

Tajine de bœuf aux betteraves rouges et aux oranges

POUR 4-6 PERSONNES

> 1-2 cuill. à soupe de ghee (recette page 7) ou d'huile d'olive
> 3-4 gousses d'ail écrasées
> 1 oignon rouge émincé
> 40 g de gingembre pelé, finement haché ou râpé
> 1 piment rouge épépiné et émincé
> 2 cuill. à café de graines de coriandre écrasées
> 2 bâtons de cannelle
> 3-4 betteraves rouges pelées et coupées en quartiers
> 500 g de bœuf maigre coupé en cubes ou en lanières
> 2 oranges pelées à vif, coupées en segments
> 1 cuill. à soupe de miel sombre
> 1-2 cuill. à soupe d'eau de fleur d'oranger
> 1 noix de beurre
> 2-3 cuill. à soupe de pistaches
> 1 petit bouquet de persil plat, grossièrement haché
> sel et poivre noir du moulin

Mettez à fondre le ghee dans un plat à tajine ou une cocotte et faites blondir l'ail, l'oignon et le gingembre. Ajoutez le piment, la coriandre et la cannelle. Faites revenir les betteraves 2 ou 3 minutes. Ajoutez le bœuf et faites sauter 1 minute. Versez de l'eau jusqu'à presque recouvrir la viande et portez à ébullition. Baissez le feu, couvrez et laissez mijoter 1 heure, jusqu'à ce que la viande soit tendre.

Incorporez les oranges, le miel, l'eau de fleur d'oranger, salez et poivrez. Couvrez et laissez encore frémir 10 à 15 minutes.

Dans une casserole, mettez à fondre le beurre et faites dorer les pistaches à feu moyen en les remuant. Répartissez-les sur le tajine avec le persil et servez.

Ce plat épicé est relevé au ras-al-hanout (voir page 7), un mélange traditionnel de diverses épices. Vous le trouverez aussi garni de navets, d'ignames, de potiron ou de potimarron en remplacement des patates douces. Servez ce tajine accompagné d'un simple couscous (recette page 58), de pain, de yaourt bien frais ou de thé à la menthe.

Tajine de bœuf aux patates douces, petits pois et ras-al-hanout

POUR 4 PERSONNES

> 2 cuill. à soupe de ghee (recette page 7) ou d'huile d'olive
> 40 g de gingembre pelé et finement émincé
> 1 oignon finement haché
> 1 kg de bœuf maigre coupé en cubes
> 1-2 cuill. à café de ras-al-hanout (voir page 7)
> 2 patates douces moyennes, pelées et coupées en gros dés
> 500 g de petits pois écossés frais ou surgelés
> 2-3 tomates mondées et concassées
> 1 citron confit (recette page 6), finement émincé ou haché
> 1 petit bouquet de coriandre, finement haché
> sel et poivre noir du moulin

Chauffez le ghee dans un plat à tajine ou une cocotte. Faites-y fondre le gingembre et l'oignon. Ajoutez le bœuf en remuant pour bien l'enrober. Saupoudrez de ras-al-hanout. Versez de l'eau à ras et portez à ébullition. Baissez le feu, couvrez et laissez frémir doucement 40 minutes.

Ajoutez les patates douces, salez et poivrez. Couvrez et laissez encore mijoter 20 minutes, jusqu'à ce que la viande soit tendre. Ajoutez les petits pois et les tomates, couvrez et laissez cuire entre 5 et 10 minutes.

Répartissez dessus le citron confit, la coriandre et servez.

Vous trouverez ce plat dans tout le Maghreb. On le sert dans les échoppes et à la maison, comme en-cas. On prépare souvent les kefta en quantité et on les conserve au réfrigérateur. Elles sont souvent fortement épicées : servez-les avec du pain, du yaourt et du persil pour atténuer leur puissante saveur.

Tajine de kefta aux œufs et au cumin

POUR 4 PERSONNES

Pour les kefta

> 225 g d'agneau haché
> 1 oignon finement haché
> 1 cuill. à café de menthe séchée
> 1-2 cuill. à café de ras-al-hanout (voir page 7)
> 1/2 cuill. à café de piment de Cayenne
> 1 petit bouquet de persil plat, finement haché
> sel et poivre noir du moulin

> 1 noix de beurre
> 1/4-1/2 cuill. à café de sel
> 1 cuill. à café de piment de Cayenne ou de piment sec haché
> 4 œufs
> 1-2 cuill. à café de graines de cumin grillées à sec et moulues
> 1 petit bouquet de persil plat, grossièrement haché

Pour les kefta, réunissez dans un bol l'agneau, l'oignon, la menthe, le ras-al-hanout, le piment de Cayenne et le persil. Salez, poivrez et mélangez bien. Pétrissez le mélange et confectionnez des boulettes de la taille d'un œuf de caille (vous en obtiendrez une douzaine).

Remplissez d'eau un plat à tajine ou une casserole et portez à ébullition. Déposez délicatement les boulettes dans l'eau, par petites quantités, et laissez pocher pendant 10 minutes. Retournez-les pour les faire cuire de tous les côtés. Retirez-les avec une écumoire et égouttez-les sur du papier absorbant. Réservez environ 30 cl du liquide de cuisson. (Si vous n'utilisez pas les kefta immédiatement, laissez-les refroidir sur un plat et conservez-les au réfrigérateur 2 ou 3 jours.)

Ajoutez le beurre au liquide de cuisson et portez à ébullition. Incorporez le sel et le piment de Cayenne, et mettez à cuire les boulettes à feu vif jusqu'à faire évaporer presque tout le liquide. Cassez délicatement les œufs autour des kefta, couvrez et laissez prendre les œufs dans la sauce. Saupoudrez de cumin et de persil. Servez immédiatement.

Les tajines de kefta ne nécessitent pas de longues cuissons. En général, on prépare d'abord la sauce, puis on fait pocher les kefta. Cette recette est légère et agréablement citronnée. Servez-la avec du couscous (recette page 58), relevé au piment et aux herbes, et une salade verte.

Tajine aux kefta épicées, parfumé au citron

POUR 4-6 PERSONNES

Pour les kefta

> 450 g de bœuf ou d'agneau finement haché
> 1 oignon finement haché ou râpé
> 1 petit bouquet de persil plat finement haché
> 1-2 cuill. à café de cannelle en poudre
> 1 cuill. à café de cumin en poudre
> 1 cuill. à café de coriandre en poudre
> 1/2 cuill. à café de piment de Cayenne ou 1 cuill. à café de paprika
> sel et poivre noir du moulin

> 1 cuill. à soupe d'huile d'olive
> 1 noix de beurre ou 1 cuill. à soupe de ghee (recette page 7)
> 1 oignon grossièrement haché
> 2-3 gousses d'ail coupées en deux et écrasées
> 1 morceau de gingembre (environ 5 x 2 cm) pelé et finement haché
> 1 piment rouge finement émincé
> 2 cuill. à café de curcuma en poudre
> 1 petit bouquet de coriandre, grossièrement haché
> 1 petit bouquet de menthe, haché
> jus de 1 citron
> 1 citron coupé en 4 ou 6 segments, épépiné

Pour faire les kefta, malaxez et travaillez le bœuf dans un bol avec les poings. Soulevez la masse et rejetez-la vivement. Ajoutez l'oignon, le persil, la cannelle, le cumin, la coriandre et le piment de Cayenne ; salez et poivrez. Pétrissez avec soin le mélange pendant quelques minutes. Formez des boulettes de la taille d'une noix (vous en obtiendrez environ 16). Vous pouvez les préparer par avance et les conserver 2 ou 3 jours au réfrigérateur.

Chauffez l'huile d'olive et le beurre dans un plat à tajine ou une cocotte et faites dorer l'oignon, l'ail, le gingembre et le piment. Ajoutez le curcuma, la moitié de la coriandre et de la menthe, et versez environ 30 cl d'eau. Portez à ébullition, baissez le feu et laissez frémir à couvert pendant 10 minutes.

Déposez délicatement les kefta dans le liquide, couvrez et laissez pocher 15 minutes. Retournez-les de temps en temps pour les faire cuire de tous les côtés.

Versez le jus de citron, salez et disposez les segments de citron autour des kefta. Laissez encore pocher 10 minutes. Saupoudrez du reste de coriandre et de menthe. Servez chaud.

Ce plat traditionnel, d'inspiration espagnole, s'accompagne le plus souvent de pain plat et de yaourt, mais vous pouvez le servir avec une viande grillée, comme des côtes d'agneau. Utilisez du chorizo ou des merguez qui ajoutent une note épicée. Pour une version végétarienne, omettez les saucisses, les pois chiches étant suffisamment riches en protéines.

Tajine de chorizo aux pois chiches, laurier, paprika et sauge

POUR 4 PERSONNES

> 175 g de pois chiches trempés 12 heures dans une grande quantité d'eau
> 2-3 cuill. à soupe d'huile d'olive
> 2 oignons rouges émincés
> 2 gousses d'ail hachées
> 1 chorizo fin (environ 15 cm de long) coupé en tranches en diagonale
> 2-3 feuilles de laurier
> quelques brins de thym
> 1-2 cuill. à café de paprika fumé en poudre
> 1 bouquet de sauge, ciselé
> jus de 1 citron
> sel et poivre noir du moulin

Égouttez les pois chiches, versez-les dans une casserole et couvrez d'eau. Portez à ébullition, baissez le feu et laissez frémir environ 45 minutes (les pois doivent rester légèrement fermes). Égouttez et rafraîchissez les pois chiches sous l'eau froide courante. Éliminez les peaux.

Chauffez l'huile d'olive dans un plat à tajine ou une cocotte. Faites blondir les oignons et l'ail. Incorporez le chorizo, le laurier, le thym et laissez dorer. En remuant, ajoutez les pois chiches, le paprika et laissez mijoter à couvert pendant 10 à 15 minutes afin que les parfums se mélangent.

Ajoutez la sauge, le jus de citron, salez et poivrez. Servez chaud avec du pain plat et du yaourt.

Le citron confit (recette page 6) et les olives vertes écrasées sont les deux ingrédients principaux de la cuisine traditionnelle marocaine. On les trouve dans les épiceries exotiques. Vous pouvez aussi préparer ce tajine avec des cuisses ou un poulet entier. Servez avec du couscous (recette page 58) et de la salade ou des carottes cuites à la vapeur et assaisonnées d'épices et de menthe.

Tajine de poulet au citron confit, olives et thym

POUR 4 PERSONNES

> 8-10 pilons de poulet ou 4 cuisses entières
> 1 cuill. à soupe d'huile d'olive
> 1 noix de beurre
> 2 citrons confits coupés en lanières
> 175 g d'olives vertes écrasées
> 1-2 cuill. à soupe de thym ou d'origan

Pour la marinade

> 1 oignon râpé
> 3 gousses d'ail écrasées
> 25 g de gingembre râpé
> 1 petit bouquet de coriandre, finement haché
> 1 pincée de filaments de safran
> jus de 1 citron
> 1 cuill. à soupe de gros sel
> 3-4 cuill. à soupe d'huile d'olive
> sel et poivre noir du moulin

Dans un bol, mélangez tous les ingrédients de la marinade. Mettez le poulet dans un plat creux, versez dessus la marinade et faites-la pénétrer sous la peau en frottant. Couvrez et laissez reposer au réfrigérateur pendant 1 ou 2 heures.

Chauffez l'huile d'olive et le beurre dans un plat à tajine ou une cocotte. Faites-y dorer les morceaux de poulet. Versez dessus le restant de marinade et de l'eau jusqu'à mi-hauteur. Portez à ébullition, baissez le feu, couvrez et laissez mijoter pendant 45 minutes en retournant le poulet de temps en temps.

Ajoutez les citrons confits, les olives et la moitié du thym. Couvrez et laissez frémir 15 à 20 minutes. Goûtez, rectifiez l'assaisonnement, saupoudrez du reste de thym et servez aussitôt dans le plat.

La délicieuse fraîcheur de ce tajine provient de la combinaison entre l'amertume du citron confit (recette page 6) et la douceur du raisin. Accompagnez-le de couscous (recette page 58), de pain plat et de salade verte. Utilisez des cœurs ou des fonds d'artichaut en boîte ou surgelés.

Tajine de poulet aux artichauts et aux raisins

POUR 4 PERSONNES

> 4 blancs de poulet coupés en lanières ou en gros dés
> 2 cuill. à soupe d'huile d'olive
> 2 oignons émincés
> 1/2 citron confit finement émincé
> 1-2 cuill. à café de sucre
> 1-2 cuill. à café d'harissa (recette page 7)
> 2 cuill. à café de purée de tomate
> 30 cl de bouillon de volaille ou d'eau
> 400 g de cœurs d'artichaut en boîte, égouttés, rincés et coupés en deux
> 16 grains de raisin blanc coupés en deux dans la longueur
> 1 bouquet de coriandre, grossièrement haché
> sel et poivre noir du moulin

Pour la marinade

> 2 gousses d'ail écrasées
> 1 cuill. à café de curcuma en poudre
> jus de 1 citron
> 1 cuill. à soupe d'huile d'olive

Commencez par faire la marinade. Dans un bol, mélangez l'ail, le curcuma, le jus de citron et l'huile d'olive. Mettez le poulet dans la marinade et remuez pour bien l'enrober. Couvrez et laissez reposer au réfrigérateur 1 ou 2 heures.

Chauffez l'huile d'olive dans un plat à tajine ou dans une cocotte. Faites dorer et légèrement caraméliser les oignons, le citron confit et le sucre 2 ou 3 minutes. Ajoutez le poulet mariné, l'harissa et la purée de tomate. Versez le bouillon de volaille et portez à ébullition. Baissez le feu et laissez mijoter à couvert 15 minutes.

Ajoutez les cœurs d'artichaut, couvrez et laissez encore mijoter 5 minutes. Incorporez le raisin, un peu de coriandre, salez et poivrez. Saupoudrez du reste de coriandre et servez aussitôt.

Ce tajine, fruité et épicé, aux parfums de romarin et de gingembre peut se réaliser avec des cuisses de poulet, des poitrines de pigeon, de faisan ou des magrets de canard. Accompagnez-le simplement de couscous (recette page 58) et d'une salade verte.

Tajine de poulet aux abricots, parfumé au romarin et au gingembre

POUR 4 PERSONNES

> 2 cuill. à soupe d'huile d'olive
> 1 noix de beurre
> 1 oignon finement haché
> 3 brins de romarin (1 haché et 2 coupés en deux)
> 40 g de gingembre frais pelé et finement haché
> 2 piments rouges épépinés et finement hachés
> 1-2 bâtons de cannelle
> 8 cuisses de poulet
> 175 g d'abricots secs
> 2 cuill. à soupe de miel blond
> 400 g de tomates mondées en boîte avec leur jus
> 1 petit bouquet de basilic vert ou pourpre
> sel et poivre noir du moulin

Chauffez l'huile d'olive et le beurre dans un plat à tajine ou dans une cocotte. Faites fondre l'oignon, le romarin haché, le gingembre et les piments. Ajoutez les brins de romarin, la cannelle et faites dorer les cuisses de poulet de toutes parts. Incorporez en remuant les abricots et le miel, puis les tomates avec leur jus (ajoutez un peu d'eau, si nécessaire, pour couvrir la base de la viande et complètement les abricots). Portez à ébullition, baissez le feu et laissez mijoter à couvert pendant 35 à 40 minutes.

Salez et poivrez. Ciselez les grandes feuilles de basilic et laissez les petites entières. Répartissez-les sur le tajine et servez aussitôt.

Ce plat maure traditionnel se retrouve sous différentes formes dans les pays de culture arabe. L'association volaille, dattes et miel est parmi les plus anciennes, et sa délicieuse saveur est toujours appréciée. Vous pouvez remplacer le canard par du poulet, du pigeon ou du coquelet.

Tajine de canard aux dattes, miel et fleur d'oranger

POUR 4 PERSONNES

> 25 g de gingembre frais haché
> 2-3 gousses d'ail hachées
> 2-3 cuill. à soupe d'huile d'olive
> 2 noix de beurre
> 2 bâtons de cannelle
> 2 filets de canard
> 2 cuisses de canard
> 2-3 cuill. à soupe de miel blond
> 225 g de dattes fraîches dénoyautées
> 1-2 cuill. à soupe d'eau de fleur d'oranger
> 2-3 cuill. à soupe d'amandes mondées en garniture
> sel et poivre noir du moulin

Dans un mortier, écrasez le gingembre et l'ail en pâte.

Chauffez l'huile d'olive et la moitié du beurre dans un plat à tajine ou dans une cocotte. Faites-y dorer les morceaux de canard côté peau pendant 5 minutes.

Retirez les filets du plat. Ajoutez la pâte de gingembre et la cannelle, et poursuivez la cuisson des cuisses 10 minutes.

Remettez les filets de canard dans le plat de cuisson. Incorporez le miel et posez les dattes tout autour. Versez de l'eau jusqu'à environ un tiers de la hauteur de la viande. Portez à ébullition, baissez le feu et couvrez. Laissez mijoter 25 minutes.

Versez l'eau de fleur d'oranger, salez et poivrez. Couvrez et laissez cuire encore 5 minutes.

Dans une poêle, chauffez le beurre restant, ajoutez les amandes et faites-les dorer de tous les côtés. Répartissez-les sur les morceaux de canard. Servez le tajine avec du couscous (recette page 58) aromatisé au citron et aux herbes.

La cuisson du poisson entier en tajine conserve à la chair son moelleux. Choisissez une espèce de poisson selon la taille de votre plat. En Afrique du Nord, on utilise surtout du rouget-barbet, des sardines, du vivaneau, du mérou et du bar. Servez-le avec du couscous (recette page 58) ou une salade pimentée.

Tajine de rouget-barbet aux tomates et au citron vert

POUR 3-4 PERSONNES

- > 2 cuill. à soupe d'huile d'olive
- > 25 g de beurre
- > 2-3 gousses d'ail finement émincées
- > 3-4 rougets-barbets vidés et écaillés
- > 2-3 grosses tomates coupées en fines tranches
- > 1 citron vert coupé en fines tranches
- > 1 petit bouquet de persil plat grossièrement haché en garniture
- > 1 citron vert coupé en quartiers en garniture
- > sel

Préchauffez le four à 180 °C (therm. 6).

Chauffez l'huile d'olive et le beurre dans un plat à tajine ou dans une cocotte allant au four. Faites blondir l'ail. Ajoutez le poisson et faites dorer sur les deux faces. Arrêtez le feu et déposez les tranches de tomate et de citron vert sur et autour du poisson. Couvrez et enfournez pour 15 minutes environ.

Découvrez et laissez cuire encore 5 à 10 minutes, jusqu'à ce que le poisson soit tendre et doré (vous pouvez aussi le passer sous le gril).

Saupoudrez de persil et servez avec les quartiers de citron vert que l'on pourra presser au-dessus du poisson.

Sur la côte marocaine, on prépare les tajines avec des poissons entiers ou de gros morceaux de poisson ferme, comme le bar, la lotte ou le cabillaud. Ici, on fait mariner le poisson dans la chermoula et on l'arrose avec un peu de vin blanc ou de xérès. Servez avec des pommes de terre nouvelles et une salade verte.

Tajine de poisson au citron confit et à la menthe

POUR 4-6 PERSONNES

- 900 g de filets de poisson (cabillaud ou haddock) coupés en gros morceaux
- 2-3 cuill. à soupe d'huile d'olive
- 1 oignon rouge finement haché
- 2 carottes finement émincées
- 2 branches de céleri finement émincées
- 1 citron confit (recette page 6) finement haché
- 400 g de tomates mondées en boîte avec leur jus
- 15 cl de fumet de poisson ou d'eau
- 15 cl de vin blanc ou de xérès
- 1 bouquet de menthe, finement ciselé, en garniture
- sel et poivre noir du moulin

Pour la chermoula

- 2-3 gousses d'ail hachées
- 1 piment rouge épépiné et haché
- 1 cuill. à café de sel
- 1 petit bouquet de coriandre, haché
- 1 pincée de filaments de safran
- 1-2 cuill. à café de cumin en poudre
- 3-4 cuill. à soupe d'huile d'olive
- jus de 1 citron

Commencez par faire la chermoula. Dans un mortier, écrasez l'ail, le piment et le sel en une pâte grossière. Ajoutez la coriandre toujours en écrasant. Au fouet, incorporez le safran et le cumin, et liez avec l'huile d'olive et le jus de citron (ou mélangez le tout dans un mixeur). Réservez 2 cuillerées à café du mélange pour la cuisson.

Enrobez les filets de poisson de chermoula, couvrez et laissez reposer au réfrigérateur 1 ou 2 heures.

Chauffez l'huile d'olive dans un plat à tajine ou dans une cocotte. Faites fondre l'oignon, les carottes et le céleri. Ajoutez le citron confit (réservez quelques cuillerées à café pour saupoudrer à la fin), la chermoula réservée, les tomates avec leur jus et remuez bien. Laissez doucement réduire 10 minutes, puis ajoutez le fumet de poisson et le vin blanc. Portez à ébullition, couvrez, baissez le feu et laissez mijoter 10 à 15 minutes.

Ajoutez le poisson et laissez frémir 6 à 8 minutes à couvert, jusqu'à cuisson complète du poisson. Salez, poivrez, saupoudrez du citron confit réservé et de menthe. Servez aussitôt.

Tous les poissons à chair blanche conviennent pour ce tajine parfumé à l'ail, au piment, au cumin et à la coriandre (une version marocaine de la chermoula). Servez-le avec du pain que les convives pourront tremper dans la sauce, ou avec du couscous (recette page 58).

Tajine de lotte aux pommes de terre, tomates cerises et olives noires

POUR 4-6 PERSONNES

> 900 g de lotte coupée en morceaux
> 12 petites pommes de terre nouvelles
> 3 cuill. à soupe d'huile d'olive
> 1 noix de beurre
> 3-4 gousses d'ail finement émincées
> 12-16 tomates cerises
> 2 poivrons verts grillés (jusqu'à être carbonisés), pelés et coupés en lanières
> 12 grosses olives noires
> 1 citron coupé en quartiers en garniture
> sel et poivre noir du moulin

Pour la chermoula

> 2 gousses d'ail
> 1 cuill. à café de gros sel
> 1-2 cuill. à café de graines de cumin écrasées ou moulues
> 1 piment rouge épépiné et haché
> jus de 1 citron
> 2 cuill. à soupe d'huile d'olive
> 1 petit bouquet de coriandre, grossièrement haché

Commencez par la chermoula. Dans un mortier, écrasez l'ail et le sel en une pâte lisse. Ajoutez le cumin, le piment, le jus de citron et l'huile d'olive, puis la coriandre.

Mettez le poisson dans un plat creux et frottez-le avec la chermoula (réservez-en un peu pour la cuisson). Couvrez et laissez reposer 1 ou 2 heures au réfrigérateur.

Pendant ce temps, portez à ébullition une casserole d'eau, plongez-y les pommes de terre et laissez cuire à feu vif pendant 8 minutes pour les attendrir. Égouttez-les et rafraîchissez-les sous l'eau froide. Épluchez-les et coupez-les en deux dans la longueur.

Chauffez 2 cuillerées à soupe d'huile d'olive et le beurre dans un plat à tajine ou dans une cocotte. Faites blondir l'ail, puis ajoutez les tomates. Laissez cuire un peu, puis ajoutez les poivrons et la chermoula réservée. Salez et poivrez. Réservez.

Disposez les pommes de terre au fond du plat à tajine ou de la cocotte, nappez de la moitié du mélange tomates-poivrons. Posez dessus le poisson, puis couvrez avec le reste du mélange. Répartissez les olives noires autour du poisson et arrosez du reste d'huile d'olive. Versez environ 12 cl d'eau et rectifiez l'assaisonnement. Couvrez et laissez mijoter 15 à 20 minutes, jusqu'à ce que le poisson soit tendre. Servez aussitôt, avec les quartiers de citron.

Sur la côte marocaine, à Casablanca et Tanger, les restaurants proposent des tajines aux fruits de mer – une version plus moderne que traditionnelle. Ils font appel à toutes les ressources de la mer et sont délicieux. On les déguste avec du pain que l'on peut tremper dans la sauce crémeuse.

Tajine crémeux aux fruits de mer, fenouil et harissa

POUR 4-6 PERSONNES

> 500 g de moules nettoyées et lavées
> 500 g de crevettes fraîches
> jus de 1 citron
> 2 cuill. à soupe d'huile d'olive
> 4-6 échalotes finement hachées
> 1 bulbe de fenouil haché
> 1-2 cuill. à café d'harissa (recette page 7)
> 15 cl de crème épaisse
> 1 gros bouquet de coriandre, finement haché
> sel et poivre noir du moulin

Dans une casserole, réunissez les moules et les crevettes, et couvrez d'eau à ras. Versez le jus de citron et portez à ébullition. Secouez la casserole et laissez cuire 3 minutes pour ouvrir les moules. Égouttez en réservant le jus de cuisson et jetez les moules restées fermées.

Rafraîchissez les moules et les crevettes sous l'eau froide courante et décortiquez la majorité des moules (vous pouvez également les laisser toutes dans leur coquille).

Chauffez l'huile d'olive dans un plat à tajine ou dans une cocotte. Faites fondre les échalotes et le fenouil. Ajoutez l'harissa et versez 30 cl du jus de cuisson. Portez à ébullition et faites réduire 2 ou 3 minutes. Baissez le feu et incorporez la crème. Laissez frémir 5 minutes pour mêler les parfums, salez, poivrez généreusement et ajoutez les moules et les crevettes. En remuant, incorporez la moitié de la coriandre, couvrez et laissez mijoter 5 minutes. Saupoudrez du reste de coriandre et servez.

Les tajines de légumes se servent comme plat complet avec du couscous (recette page 58) et du yaourt ou en accompagnement d'une viande grillée ou rôtie et avec d'autres tajines. Vous pouvez cuire ce tajine de courge musquée au four, à découvert, dans un plat à tajine ou une cocotte.

Tajine de courge musquée aux échalotes, raisins secs et amandes

POUR 3-4 PERSONNES

- > 3 cuill. à soupe d'huile d'olive
- > 1 noix de beurre
- > 12 échalotes roses pelées, entières
- > 8 gousses d'ail légèrement écrasées
- > 120 g de raisins secs (sultanines sans pépins)
- > 120 g d'amandes mondées
- > 1-2 cuill. à café d'harissa (recette page 7)
- > 2 cuill. à soupe de miel sombre
- > 1 courge musquée moyenne pelée, épépinée et coupée en tranches
- > 1 petit bouquet de coriandre, finement haché, en garniture
- > 1 citron coupé en quartiers en garniture
- > sel et poivre noir du moulin

Chauffez l'huile d'olive et le beurre dans un plat à tajine ou une cocotte et faites blondir les échalotes et l'ail. Ajoutez les raisins secs et les amandes, puis, en remuant, l'harissa et le miel. Incorporez ensuite les tranches de courge en les enrobant bien avec le mélange. Versez de l'eau jusqu'à couvrir la base du tajine. Laissez mijoter à couvert entre 15 et 20 minutes : les échalotes et la courge doivent être tendres, mais rester fermes.

Salez, poivrez et saupoudrez de coriandre. Servez avec les quartiers de citron que chacun pourra presser au-dessus du plat.

Vous pouvez préparer ce plat avec des artichauts frais ou surgelés. S'ils sont frais, enlevez les feuilles extérieures, coupez la tige et supprimez le foin avec une cuillère. Frottez-les avec du jus de citron ou placez-les dans un saladier rempli d'eau additionnée de jus de citron pour les empêcher de noircir.

Tajine d'artichauts aux pommes de terre et aux petits pois

POUR 4-6 PERSONNES

> 2-3 cuill. à soupe d'huile d'olive
> 2 oignons rouges émincés
> 4 gousses d'ail écrasées
> 2 cuill. à café de graines de coriandre
> 1 cuill. à café de graines de cumin
> 2 cuill. à café de curcuma en poudre
> 1-2 cuill. à café de menthe séchée
> 8 pommes de terre à chair ferme, épluchées et coupées en quatre
> 35 cl de bouillon de légumes ou de volaille
> 4 artichauts nettoyés et coupés en quatre
> 1 petit bouquet de coriandre, haché
> 225 g de petits pois écossés frais ou surgelés
> 1/2 citron confit (recette page 6) coupé en fines lanières
> 1 petit bouquet de menthe en garniture
> sel et poivre noir du moulin

Chauffez l'huile d'olive dans un plat à tajine ou dans une cocotte et faites fondre les oignons. Ajoutez l'ail, les graines de coriandre, le cumin, le curcuma et la menthe séchée, puis, en remuant, les pommes de terre pour bien les enrober. Versez le bouillon de légumes et portez à ébullition. Baissez le feu et laissez mijoter 10 minutes à couvert.

Ajoutez les artichauts et la coriandre hachée, et laissez encore mijoter 5 minutes. Finissez par les petits pois et le citron confit, salez et poivrez. Laissez frémir à découvert pendant 5 à 10 minutes, jusqu'à ce que les artichauts soient tendres et que le liquide ait réduit.

Saupoudrez de feuilles de menthe et servez avec du couscous (recette page 58) ou du pain frais croustillant.

Ce tajine sirupeux et caramélisé est délicieux servi avec du couscous (recette page 58) et une salade aux herbes aromatiques ou en accompagnement d'une viande grillée ou rôtie. Vous pouvez remplacer les ignames par de la courge musquée ou du potiron.

Tajine d'ignames aux échalotes, carottes et pruneaux

POUR 4-6 PERSONNES

> 2-3 cuill. à soupe d'huile d'olive
> 1 noix de beurre
> 40 g de gingembre pelé, finement haché ou râpé
> 1-2 bâtons de cannelle ou 1-2 cuill. à café de cannelle en poudre
> 16 petites échalotes pelées, entières
> 700 g d'ignames pelés et coupés en cubes
> 2 carottes pelées et coupées en cubes
> 175 g de pruneaux dénoyautés
> 1 cuill. à soupe de miel sombre
> 45 cl de bouillon de légumes ou de volaille
> 1 petit bouquet de coriandre, grossièrement haché
> quelques feuilles de menthe ciselées
> sel et poivre noir du moulin

Chauffez l'huile d'olive et le beurre dans un plat à tajine ou une cocotte. Ajoutez le gingembre et la cannelle, puis les échalotes. Lorsque celles-ci blondissent, ajoutez les ignames et les carottes. Faites revenir 2 ou 3 minutes puis incorporez les pruneaux et le miel. Versez le bouillon de légumes et portez à ébullition. Baissez le feu et laissez mijoter à couvert 25 minutes environ.

Découvrez et ajoutez, en remuant, un peu de coriandre et de menthe. Salez, poivrez et laissez réduire 2 ou 3 minutes, si nécessaire. Les légumes doivent être tendres, légèrement caramélisés et la sauce sirupeuse. Saupoudrez du restant de coriandre et de menthe juste avant de servir.

Les haricots blancs, très nourrissants, font de ce tajine un plat à part entière, mais vous pouvez aussi le servir avec une viande grillée ou rôtie. Au Maroc, les préparations à base de haricots varient d'une région à l'autre et sont souvent relevées avec des piments.

Tajine de haricots blancs aux tomates cerises et aux olives noires

POUR 4-6 PERSONNES

- 175 g de gros haricots blancs secs, trempés 12 heures dans de l'eau
- 2-3 cuill. à soupe d'huile d'olive
- 1 noix de beurre
- 4 gousses d'ail coupées en deux et écrasées
- 2 oignons rouges émincés
- 1-2 piments rouges ou verts épépinés, finement émincés
- 1-2 cuill. à soupe de graines de coriandre écrasées
- 25 g de gingembre pelé et finement haché
- 1 pincée de filaments de safran
- 16-20 tomates cerises
- 1-2 cuill. à café de sucre cristallisé
- 1-2 cuill. de thym séché
- 2-3 cuill. à soupe d'olives noires dénoyautées
- jus de 1 citron
- 1 petit bouquet de persil plat grossièrement haché en garniture
- sel et poivre noir du moulin

Égouttez et rincez les haricots. Mettez-les dans une casserole, couvrez d'eau et portez à ébullition. Laissez bouillir 5 minutes, réduisez le feu et laissez frémir pendant 1 heure. Les haricots doivent être tendres mais non pâteux. Égouttez-les et rafraîchissez-les sous l'eau froide.

Chauffez l'huile d'olive et le beurre dans un plat à tajine ou dans une cocotte. Faites fondre l'ail, les oignons et les piments. Ajoutez la coriandre, le gingembre et le safran. Laissez mijoter à couvert 4 ou 5 minutes. Incorporez en remuant les tomates, le sucre et le thym. Couvrez et laissez cuire jusqu'à ce que la peau des tomates se plisse.

Ajoutez les haricots et les olives noires, versez le jus de citron, salez et poivrez. Laissez cuire doucement à couvert pendant 5 minutes pour réchauffer l'ensemble. Saupoudrez de persil et servez avec du pain et une bonne cuillerée de yaourt épais et crémeux, selon votre goût.

Pour ce tajine, utilisez de préférence des mini-aubergines ou, à défaut, des aubergines coupées en quatre dans le sens de la longueur. Servez-le avec du couscous (recette page 58) ou du boulgour et une bonne cuillerée de yaourt épais et crémeux. Il accompagne aussi les viandes grillées et la volaille.

Tajine de mini-aubergines à la coriandre et à la menthe

POUR 4 PERSONNES

- 1-2 cuill. à soupe d'huile d'olive
- 1 noix de beurre ou 1 cuill. à soupe de ghee (recette page 7)
- 1-2 oignons rouges émincés
- 3-4 gousses d'ail écrasées
- 1-2 piments rouges épépinés et émincés ou 2-3 piments secs entiers
- 1-2 cuill. à café de graines de coriandre grillées et écrasées
- 1-2 cuill. à café de graines de cumin grillées et écrasées
- 2 cuill. à café de sucre cristallisé
- 16 mini-aubergines avec leur tige
- 800 g de tomates concassées en boîte
- 1 bouquet de menthe, grossièrement haché
- 1 bouquet de coriandre, grossièrement haché
- sel et poivre noir du moulin

Chauffez l'huile d'olive et le beurre dans un plat à tajine ou dans une cocotte. Faites blondir les oignons et l'ail. Ajoutez les piments, les graines de coriandre, le cumin et le sucre. Lorsque les épices dégagent leurs arômes, ajoutez les aubergines en remuant pour les enrober. Incorporez les tomates et laissez mijoter à couvert pendant 40 minutes, jusqu'à ce que les aubergines soient bien tendres.

Salez, poivrez et ajoutez la moitié de la menthe et de la coriandre hachée. Laissez encore frémir à couvert entre 5 et 10 minutes. Saupoudrez du reste de menthe et de coriandre, et servez le tajine brûlant.

Ce plat rustique et végétarien, délicieusement parfumé au curcuma et à la coriandre, est un repas complet. Les pois chiches, comme toutes les légumineuses, sont riches en protéines, vitamines et sels minéraux. Pour aller plus vite, remplacez les pois chiches secs par des pois chiches en boîte. En accompagnement, proposez du pain ou du yaourt.

Tajine de carottes et pois chiches, épicé au curcuma et à la coriandre

POUR 4 PERSONNES

> 3-4 cuill. à soupe d'huile d'olive
> 1 oignon finement haché
> 3-4 gousses d'ail finement hachées
> 2 cuill. à café de curcuma en poudre
> 1-2 cuill. à café de graines de cumin
> 1 cuill. à café de cannelle en poudre
> 1/2 cuill. à café de piment de Cayenne
> 1/2 cuill. à café de poivre noir moulu
> 1 cuill. à soupe de miel brun
> 3-4 carottes moyennes tranchées en diagonale
> 800 g de pois chiches en boîte, rincés et égouttés
> 1-2 cuill. à soupe d'eau de rose
> 1 bouquet de coriandre, finement haché, en garniture
> 1 citron coupé en quartiers en garniture
> sel

Chauffez l'huile d'olive dans un plat à tajine ou dans une cocotte et faites fondre l'oignon et l'ail. Ajoutez le curcuma, le cumin, la cannelle, le piment de Cayenne, le poivre, le miel et les carottes. Versez de l'eau jusqu'à couvrir le fond du plat. Laissez mijoter 10 à 15 minutes, à couvert.

Incorporez les pois chiches, vérifiez le niveau de l'eau, couvrez et laissez encore mijoter 5 à 10 minutes. Salez, arrosez d'eau de rose, saupoudrez de coriandre et servez avec les quartiers de citron.

Le couscous est le plat de base de la cuisine du Maghreb. Il est réalisé à partir de semoule de blé dur, d'orge ou de maïs. On peut le servir nature ou avec des herbes, des épices, des fruits secs ou des fruits frais. Pour lui donner une saveur piquante, on frotte les grains avec de l'harissa (recette page 7).

Couscous nature au beurre

POUR 4 PERSONNES

> 350 g de couscous rincé et égoutté
> 1/2 cuill. à café de sel
> 40 cl d'eau chaude
> 2 cuill. à soupe d'huile de tournesol ou d'olive
> 25 g de beurre en petits morceaux

Préchauffez le four à 180 °C (therm. 6).

Versez le couscous dans un plat allant au four. Diluez le sel dans l'eau et arrosez le couscous. Laissez reposer 10 minutes, jusqu'à absorption de l'eau.

Du bout des doigts, incorporez l'huile de tournesol dans le couscous pour séparer les grains et l'aérer. Répartissez le beurre à la surface et couvrez d'une feuille d'aluminium ou de papier sulfurisé humidifié. Enfournez le plat pendant 15 minutes pour chauffer le couscous.

Séparez les grains avec une fourchette et servez dans le plat ou présentez-le en cône sur une grande assiette.

Pour 6 personnes, 500 g de couscous à base de blé dur ou de maïs suffisent. Respectez approximativement les proportions d'eau suivantes pour humidifier le couscous : pour 500 g de couscous d'orge, il faut 50 cl d'eau ; pour 500 g de couscous extrafin, il en faut 60 cl.

Les salades juteuses à base d'agrumes, comme l'orange et le pamplemousse, équilibrent agréablement les tajines épicés ou fortement pimentés. Pleines de couleurs et rafraîchissantes, elles accompagnent aussi les viandes grillées ou rôties.

Salade d'oranges aux oignons rouges et aux olives noires

POUR 4 PERSONNES

> 3 oranges pelées à vif et coupées en fines tranches
> 1 oignon rouge coupé en fins anneaux
> 12 olives noires dénoyautées
> 2-3 cuill. à soupe d'huile d'olive
> jus de 1 citron vert
> 1 cuill. à café de graines de cumin grillées
> 1/2 cuill. à café de paprika fumé
> 1 petit bouquet de coriandre, grossièrement haché
> sel

Disposez les tranches d'orange dans un plat ou un saladier évasé, puis garnissez avec l'oignon et les olives noires.

Dans un bol, mélangez l'huile d'olive, le jus de citron vert, salez et versez sur les oranges. Saupoudrez de cumin, de paprika fumé, de coriandre et servez.

TABLE DES ÉQUIVALENCES FRANCE-CANADA

POIDS

55 g	2 onces	200 g	7 onces	500 g	17 onces
100 g	3 onces	250 g	9 onces	750 g	26 onces
150 g	5 onces	300 g	10 onces	1 kg	35 onces

Ces équivalences permettent de calculer, à quelques grammes près, le poids (en réalité, 1 once = 28 g).

CAPACITÉS

25 cl	1 tasse	75 cl	3 tasses
50 cl	2 tasses	1 l	4 tasses

Pour faciliter la mesure des capacités, une tasse équivaut ici à 25 cl (en réalité, 1 tasse = 8 onces = 23 cl).

Édition originale

Cet ouvrage a été publié pour la première fois en 2007 sous le titre *Tagine. Spicy Stews from Morocco*
par Ryland Peters & Small Ltd
20-21 Jockey's Fields, London WC1R 4BW

Conception Liz Sephton
Édition Ann Baggaley
Réalisation Gemma Moules
Direction de la publication Alison Starling
Photographies Martin Brigdale, assisté de Nat Davies
Stylisme culinaire Bridget Sargeson, Lucy McKelvie, assistées de Stella Sargeson
Stylisme des objets Helen Trent, assistée d'Isolde Summerscale

Édition française

Coordination éditoriale Ewa Lochet, avec la collaboration de Laurence Alvado
Traduction Irène Lassus
Direction artistique Emmanuel Chaspoul
Mise en page Bénédicte Chantalou, Yuruga
Couverture Véronique Laporte
Fabrication Annie Botrel

ISBN : 978-2-03-583543-7